LES ÉCOSSEUSES

DE LA HALLE,

AMBIGU-POISSARD,

EN UN ACTE, EN VERS LIBRES,

Mêlé de Vaudevilles et de Danses;

DÉDIÉ

A MADAME POLICARPE,

MARCHANDE DE MARÉE.

PAR M. TACONET.

Représenté pour la premiere fois fur le Grand Théâtre
des Boulevards, le 25 Juin 1767.

A PARIS,

Chez PHILIPPE-DENIS LANGLOIS,
Libraire, rue du Petit-Pont, près le petit
Châtelet, au Saint-Esprit couronné.

M. DCC. LXVII.

Avec Approbation & Permiſſion.

EPITRE
DÉDICATOIRE.

Madame,

Votre réputation eſt trop bien éta-
blie pour que cette Dédicace puiſſe lui
donner un nouveau luſtre. C'eſt au con-

iv

traire fur moi feul que retombe tout l'avantage.

AIR : *De tous les Capucins.*

L'honneur de vous offrir cette œuvre,
N'eft pas une mince manœuvre ;
Avec l'efprit que vous avez,
C'eft s'expofer à la critique :
Protégez - moi. Car vous fçavez
Que je prends à votre boutique.

Oui, Madame, vous fçavez qu'autant de jours de Carême, c'eft autant de harengs pour moi ; & que de tous les baquets de la Halle, c'eft au vôtre à qui j'ai donné la préférence.

AIR : *Le tout par nature.*

Votre commerce me plaît,
Et le tout fans intérêt ;
Vous fçavez au Freluquet
Donner la tablature ;
Votre poiffon eft mon fait,
Le tout par nature.

Il faut vous rendre juftice, Madame, votre place eft le rendez-vous des Maîtres - d'Hôtel les plus hupés ; & je ferois trop heureux, si vous vouliez me procurer la connoiffance de quelques-uns qui me mettent dans le cas de pouvoir me dire avec un peu plus d'embonpoint que je n'en ai ,

MADAME,

Votre très - humble &
très-maigre Serviteur,
TENOCAT.
a iij

ACTEURS.

LA FERMIERE *des Places de la Halle.*

Monsieur NOYAU, *Marchand de Ratafia.*

MARIE-JEANNE, ⎫
BABET,   ⎬ *Fruitieres.*
              ⎭

FANCHON, ⎫
MARGOT,   ⎬ *Ecosseuses.*
GENEVIÉVE, ⎭

JÉROME, *Fort de la Halle au Bled.*

BELLE-ROSE, *Dragon de la Générale.*

MANON, *Bouquetiere.*

UN PETIT-MAITRE.

UN GARÇON PERRUQUIER.

UNE MARCHANDE DE CITRONS.

UN AVEUGLE, *jouant du Violon.*

PERSONNAGES *de tous Métiers.*

La Scène est à la Halle.

LES ECOSSEUSES

DE LA HALLE,

AMBIGU-POISSARD.

Le Théâtre représente la Boutique d'un Marchand d'Eau-de-Vie.

SCENE PREMIERE.

FANCHON, MARGOT.

FANCHON.

Dis donc ? Quelle heure est-il, Margot ?

MARGOT.

Je n'en sçais rien : bûvons l'coco,
Puis j'écosserons, l'on sçait comme !
Mais, quien, v'la que je vois Jérome.

A iv

SCENE II.

JÉROME, LES PRÉCÉDENS.

JÉROME.

BON jour, Margot. Bon foir, Fanchon.
Que j'vous embraffe fans façon.

FANCHON.

Volontiers. Ces groffes Bourgeoifes
Font des complimens longs d'cent toifes.
Pour nous, j'vallons ben autant qu'eux,
Quoique j'ayons les doigts terreux,
Et que j'vendions du fruit d'z'oranges.

MARGOT.

Finis-tu, Mamfelle Fontanges?
Avec ton difcours fi choifi,
Vas-tu nous t'nir jufqu'à midi?

JÉROME.

(*Ils s'affeoient.*)

Eh ben, quoi! Voyons donc fte prife.

MARGOT.

Fanchon, veux-tu de la cerife?

FANCHON.

Moi, j'prendrai ce que tu voudras.

MARGOT.

Mais vraiment, j'n'en aurois donc pas?
Tu n'es pas à moiquié maline.

FANCHON.

Moi, j'veux du bon; allons, chopine.

AIR : *Du Prévôt.*

J'aimons mieux l'rogome tout pur,
Dans l'gofier ça nous paroît dur;
Chacun a fa façon de mode,
On peut s'prendre où ça fait plaifir,
Et j'aimons quand queuqu'un commode
Veut ben fervir notre defir.

Marchand, apportez nous du vôtre.

LE MARCHAND.

Du mêlé?

FANCHON.

Eh! non, point d'ça,
De l'eau-de-vie en ratafia.
Du bon.

MARGOT.

Tu vas ben:

FANCHON.

Comme un autre.
Si j'bûvons ben l'p'tit coup ici,
Tu ne liches pas mal auffi.
Eh ben! Marchand?

LE MARCHAND.

Me v'là, ma Reine.

FANCHON.

T'nez, v'là du pouffier, rien n'eft dû.

LE MARCHAND.

C'eft bon.

JÉROME.

Fanchon, y penfes-tu ?
Crois-tu qu'je n'pairons pas la mienne ?

FANCHON.

Qu'eft-c' qui t'dis ça ? huftuberlu,
J'avons du tems. Crois-tu qu'on t'fraude ?
D'mande putôt au Marchand d'eau chaude ?
N'eft-il pas vrai, Monfieur l'comptoir,
Qui n'eft pas fi tard ? Tu vas voir.

LE MARCHAND, *regardant fa montre.*

Non, il s'en manque un quart ici.

FANCHON.

L'quart de quoi, Monfieur l'ahuri ?

LE MARCHAND.

Quoi ! Monfieur Jérome s'ennuie ?
Eft-il meilleure compagnie
Qu'avec Fanchon & puis Margot ?

MARGOT.

Mais vraiment ! Monfieur Fouille-au-pot,
Comme il veut nous en faire accroire ?

LE MARCHAND.

Mais, en me contant votre hiftoire,
Vous m'amufez.

MARGOT.

Qu'eft-c' q'vous fait' là ?
Allons, Jérome, à propos d'ça,
Chante, ou ben tu n'as pas à boire:
J'tiens la mefure ; & l'on verra...

FANCHON.

Y va chanter, laiffe ça là.

JÉROME.

Air : *R'li, r'lan.*

Fillettes, z'acourez pour entendre
L'hiftoir' d'un Amant courageux ;
Ses parens n'voulions pas l'y rendre
Réponfe au furjet de fes vœux :
Comme ils étions à la campagne,
Il fut les trouver z'hardiment,
R'li, r'lan, r'lan tan plan, il vous les r'magne,
R'lan tan plan, tambour battant.

(*CHORUS, R'li, r'lan, &c.*)

Mon ch'pere, dit-il, j'vous accufe
Que j'fuis t'aimé d'Mamfelle Fanchon ;
L'autre jour je y'ai pris, par rufe,
Un bouquet qui fentoit ben bon :
Y' n'faut rien z'avoir à perfonne,
V'là ma pipe à tuyau d'argent,
R'li, r'lan, r'lan tan plan, j'veux qu'on l'y donne,
R'lan, &c.

(*CHORUS, R'li, r'lan, &c.*)

Ce jour-là je goûtions enfemble
Tête à tête, étant rien qu'nous deux ;
Ne v'là t'y pas Fanchon qui tremble,
Et qui s'trouve mal on n'peut pas mieux :
Il faut me la donner, mon ch'pere,
Je fçais, pour fon tempérament,
R'li, r'lan, r'lan tan plan, ce qu'il faut faire,
R'lan, &c.

(*CHORUS, R'li, r'lan, &c.*)

Le Daron, inftruit de l'affaire,
Embraffit fon fils Cadichon ;
Puis il s'en fut cheux le Notaire,
Et lui préfenta fon garçon :
Difant, faifons une alliance,
C'eft un mariage abfolument,
R'li, r'lan, r'lan tan plan, de confcience,
R'lan, &c.

(*CHORUS, R'li, r'lan, &c.*)

FANCHON.

Jérome a z'une voix d'n'obleffe.

JÉROME.

Oh ! quand il s'agit de tendreffe,
J'nous en tirons.

MARGOT.

A propos d'ça,
Vous autres, fçavez-vous s'tellà ?

AIR : *Jufques dans la moindre chofe.*

Jufques dans la moindre vûe
J'vois mon Amant z'en tableau,

Drés que j'mets l'pié dans la rue,
Je l'vois m'ôter son chapeau ;
Je le rencontre à toute heure,
Au couchant comme au lever,
Et , sans sçavoir ous qui d'meure,
Mon cœur va toujours l'trouver.

Si je suis à not' fenête,
Dans l'dessein d'voir le passant ,
J'distingue toujours sa tête ,
Quand all' seroit parmi cent ;
Si je lis quel jour nous sommes,
Dans l'Armonac d'cabinet ,
Au lieu d'Saint, je n'vois qu'des hommes ,
Raport à s'tila qui m'plaît.

Que j'blanchisse à la riviere,
Mes amours sont savonnés ,
Que j'ouvre ma tabaquiere,
Mon Amant me monte au nez ;
Lorsque j'endosse ma hotte,
Y m'sembe que j'porte l'Amour,
Enfin, la tendre Javotte
Pense à Cadet nuit z'et jour.

SCENE III.

GENEVIÉVE, LES PRÉCÉDENS.

FANCHON.

QU'IEN v'là Geneviéve ! Ais, ma commere ,
Veux-tu boire un coup de s'taffaire ?

GENEVIÉVE.

Plutôt deux. J'venions tout exprès :
Marchand, donnez d'mifquié du frais.

MARGOT.

J'en avons. Quoi donc ! Qu'tu veux faire

GENEVIÉVE.

Chopine à moiquié ? Qu'eux mifere !

FANCHON.

Oh ! C'eft affez ; car moi j'm'en vas.

GENEVIÉVE.

Par ainfi je n'vous craignons pas,
M'amfelle Fanchon : eft-c' que j'vous chaffe ?
Comm' vous nous faites la grimace !

FANCHON.

Moi, la grimace ! A qu'eux furget ?

GENEVIÉVE.

Oh ! dam' de c'a, n'ya qu'vous qui l'fçait.

MARGOT, *verfant*.

Allons, bûvons, qu'in toi, Geneviéve :
Dis donc, Fanchon, veux-tu qu'j'acheve ?
Mettai-je tout, y viendra-t-il l'tien ?

FANCHON.

Allons, verfe, je l'voulons bien.

GENEVIÉVE.

All' vouloit s'en aller. S'te charge !

FANCHON.

Je n'voulons pas vous être à charge,
Et j'comptons payer not' écot.

GENEVIÉVE.

Marchand, chopine de coco,
Puisque Mam'selle Fanchon se pique:
Allez, vous aurez sa pratique,
Elle est bonne, & vous s'rez content.

FANCHON.

Allons, n'te goberge pas tant.

GENEVIÉVE.

Mais, vraiment, tu m'empêch'ras d'rire?
Eh ben ! s'teau-de-vie?

LE MARCHAND, *dans la coulisse*.

On en tire.

GENEVIÉVE.

Dépêchez donc. J'ai mal aux dents.

MARGOT.

Un moment, s't'homme a ses chalands.
Crois-tu quignia qu'nous qui contente?

GENEVIÉVE.

Ah! vous avez raison, la Plante.

JÉROME.

Oui, c'est du bon. Sur ce ton-là,
Fanchon, sçais-tu ce couplet-là?

AIR : *Vous avez raison, la Plante.*

L'autre jour, avec fa hotte,
Charlotte me rencontra,
Larira ;
Je l'emmena cheux not' hôte,
Et puis je la régala
De cela ;
Après je lui dis, Charlotte,
C'eft affez fur ce ton-là.

FANCHON.

Jérome, toi qu'en fçais des belles,
Chante z'en donc pour ces pucelles.

JÉROME.

AIR : *Manon Dubut.*

Pour ces pucelles, mais oui dà, *bis.*
Enfeignez-nous ous qui y'en a ; *bis.*
Je voudrions en faire emplette,
Et leur dire la chanfonnette.

J'en ont cherché par tout Paris, *bis.*
Mais je n'ont trouvé qu'du fouillis ; *bis.*
C'eft une terre ben trompeufe,
En vain le plus fçavant z'y'creufe.

LE MARCHAND.

Voilà votre affaire, Mefdames.

MARGOT.

Mefdames ! J'fommes ben des femmes,
Parlez - nous avec vérité,
J'n'aimons pas l'honneur frelatté :

Y

Y vous vient queuques fois des Dames,
Qu'avons bien plus de corps que d'ames.

GENEVIÉVE, *verſant.*

Allons, n'reſtons pas en deffaut.

JÉROME.

En v'là tout autant qui m'en faut,
J'n'en boirois pu ſeul'ment deux goutes.

FANCHON.

Quand ni en a plus, tu t'en dégoûtes :
Allons, foüinons, l'tems veut changer.

MARGOT.

L'dis-tu pour nous faire enrager ?
N'nous porte pas guignon d'avance.

FANCHON.

N'vas-tu pas tumber en fayance ?
S'il pleut, j'avons le parafol.

GENEVIÉVE.

Voyez, Mam'ſelle Croquignol !
Fait-y beau, quand il pleut z'à verſe ?

JÉROME, *ſe levant bruſquement.*

Allons, faut toujours qu'ça converſe ;
J'navons pu rien, allons-nous-en.

GENEVIÉVE, *égoutant la meſure.*

Que j'y voye, Monſieur Gourmand.

B

JÉROME.

Quand j'te l'dis, tu dois être sûre;
Allons-nous-en payer s'te mesure.

(Il prend *FANCHON* & *MARGOT* par
*deſſous le bras. GENEVIÉVE prend
MARGOT.*)

AIR: *Etes-vous de Chantilli ?*

R'venez - vous de Chantilli ?
Vraiment, mon compere, oui :
Y'avez-vous bû de s'taffaire ?
Vraiment, mon compere, voire,
Vraiment, mon compere, oui.

(*Ils ſortent.*)

SCENE IV.

*Le fond du Théâtre change, & repréſente le
carreau de la Halle, où l'on voit pluſieurs
Places d'Ecoſſeuſes. JÉROME, FAN-
CHON, MARGOT, GENEVIÉVE,
ſont étalés d'un côté, BABET, Fruitiere,
étalée de l'autre; & MARIE-JEANNE.*

MARIE-JEANNE, BABET.

MARIE-JEANNE.

Dis donc, Babet ? Quoi donc qu'tu pense
De t'étaler là par avance ?

T'as la porte du Viterier,
Vas-t'en z'y faire ton métier.

BABET.

De quel droit , Madame J'ordonne ,
V'lez-vous chasser une personne ?
J'venons là plus souvent que vous.

MARIE-JEANNE.

Allons , hu , aussi non des coups.
Crois-moi, n'jase pas , bonne bête,
La cervelle m'monte à la tête :
Et je pourrions ben te r'liché ,
Comm' j'ons déja fait z'au marché.

BABET.

Ah ! oui , voyons donc voir ? que j'voye ?

MARIE-JEANNE.

Allons, tais ton bec, & dévoye ,
J'te dis qu'tu n'esteras pas là.

BABET.

Et moi j'vous dis que l'on verra :
Si tu m'fais peur , tu n'm'en fais guère.

MARIE-JEANNE.

Décampe toujours , harangere ;
La place est à moi , d'mande à eux.
Ais, Fanchon, parle, si tu veux.
Pas vrai que j'ai l'accoutumance
De m'mettre ilà par préférence ?

B ij

FANCHON.

Sans doute, faut-il tant crier?

MARGOT.

Quoi! Tu n'sçaurois la renvoyer?
Est ce qu'tu n'es pas assez grande?

BABET.

Voyez, c'est ben ç'a qu'on l'y d'mande!
Dites donc, mamsell' Boute-feu,
N'faut-y pas q'vous parliez fur l'jeu?

MARIE-JEANNE.

Allons, va-t'en dans ta baraque.

BABET.

N'pousse pas tant que je n'te claque,
J'm'en vas. Mais, tu t'souviendras d'moi:
En attendant, v'là qu'est pour toi.

(*Elle lui fait les cornes.*)

Adieu, Marchande d'amourette,
C'est chez vous qu'on va faire emplette:
J'vous envoyrons nos Amoureux,
Drès que j'n'aurons plus besoin d'eux;
Comptez-y, bouche à toute graine.

MARIE-JEANNE.

Eh! vas, vas, pas tant qu'toi, vilaine!
Ton pere qu'est un porte-faix,
Ne porte pas comme tu fais.

BABET.

Ah, qu'ça te va ben d'faire la grosse!
Souvent est gaussé qui nous gausse.

C'eſt un Proverbe qu'eſt ben bon.

MARIE-JEANNE.

Paſſez, Madame Guenillon,
Qu'on n'vous déchire votre robe.

BABET.

Si j'm'en vas, c'eſt peur qu'on m'dérobe ;
On t'connoît pour ç'a dans l'quarquier.

MARIE-JEANNE.

Ah, comme j'men vas t'étrier !
T'attaque un honneur en perſonne ?
Il faut tout du long que j't'en donne.
Qu'en v'là d'abord, qui t'apprendra?

> (*Elle lui arrache ſon bonnet.*)

BABET.

Ah, double chienne, on t'en donn'ra
Des bonnets pour qu'tu les déchires?

MARIE-JEANNE.

Attends, c'n'eſt encor que pour rire :
J'vas t'en donner tout ton chien d'ſou.

> (*Elles ſe battent.*)

BABET.

A moi, ma mere, on me rompt l'cou.

SCÉNE V.

LA FERMIERE des Places, les Précédens.

LA FERMIERE.

EH bien ! c'eſt tous les jours de même !

MARIE-JEANNE, montrant BABET.

Voyez comme la v'là blaſphême !
On n'lui fait pourtant rien.

BABET, pleurant.

Vraiment,
On me bat pas à tout moment ?
Vous m'avez frappée, on ſçait comme !
Madame, d'mandez à Jérome,
Fanchon, Margot ?

(TOUS TROIS.)

J'navons rien vû.

BABET.

Du moins, vous l'avez entendu :
Un ſoufflet s'fait toujours entendre.

LA FERMIERE, à BABET.

Allons, commencez par me prendre
De ce côté.

MARIE - JEANNE.

Ouí, va t'coucher.

BABET.

Les plus forts n'doivent pas s'fâcher.
Tout l'monde m'en veut, z'on m'échigne ;
Un bonnet d'dantelles de Maligne ,
Qu'on vient de me mettre en hachi ;
Pour de tout le refte j'men chi :
Mais j'vas toujours faire ma plainte ,
Et dire que j'fuis groffe enceinte.

(Elle fort en pleurant.)

SCENE VI.

LES PRÉCÉDENS, *excepté* BABET.

LA FERMIERE, *d'un ton de Petite-Maîtreffe.*

AIR : *De tous les Capucins.*

AH, bon Dieu ! Qu'on voit de fcandale
Parmi ces femmes de la Halle !
Faut-il qu'on n'en puiffe entrevoir
Une feule bonne à la ronde ?
Tandis qu'ailleurs on peut avoir
Les meilleures femmes du monde.

FANCHON.

Madame la Fermiere a raifon
D'quereller ceux qui font carillon.

B iv.

MARGOT, *ironiquement.*

Voyez-nous, fi j'avons de la peine !

LA FERMIERE, *fortant.*

Oui, vous êtes de bonne graine.

SCENE VII.

JÉROME, FANCHON, MARGOT, GENEVIÉVE, MARIE-JEANNE.

JÉROME.

FANCHON, tu ne gouailles pas mal.

MARGOT.

Eh moi, donc ? J'ai fuivi l'fignal,
J'ai flatté Madam' la Fermiere.
Mais, fi vous fçaviez, par derriere,
Ce que j'penfions ?

GENEVIÉVE.

Moi, je m'cachois;
Mais c'étoit pour rire à fes frais.

SCENE VIII.

BELLE-ROSE, *Dragon* ; MANON,
Bouquetiere ; LES PRÉCÉDENS.

BELLE-ROSE.

AIR : *La rofe & le bouton.*

ALLONS, ma belle enfant,
Je fuis content
De toi pendant toute l'année ;
Mais il faut, dans ce jour,
De mon amour
Fixer la deftinée :
Si tu veux que tes bouquets
Fixent mes vœux coquets,
Joins, ma poulette,
La rofe & le bouton
D'amourette,
La rofe & le bouton.

FANCHON.

Bon jour donc, la belle Manon.

JÉROME.

Te v'là, vivant !

BELLE-ROSE.

Bon jour, luron.
Eh ben ! Comment vont l's'Ecoffeufes ?

JÉROME.

Ell'es vont ben, toujours joyeufes.

BELLE-ROSE.

Tant mieux, j'allons y prendre part.

FANCHON.

Avancez donc, Monfieur Gaillard?

MARGOT.

Bell'-Rofe a l'air d'être en ribotté.

BELLE-ROSE.

Mais, vraiment, Mam'felle Margotte!
C'a vous arrive quelquefois.

MARGOT.

Allons, v'nez écoffer des pois,
C'a vous repofera la tête.
V'là z'un man'quin pour vot' conquête;
Vous, prenez c'fac, mettez-vous d'ffus.

BELLE-ROSE.

M'y v'là.

SCENE IX.

UNE MARCHANDE DE CITRONS, LES PRÉCÉDENS.

LA MARCHANDE.

MEs bons citrons à jus.

MARGOT.

C'eſt vous! Comment va l'éventaire?

LA MARCHANDE.

C'a va ben douc'ment, ma commere!

BELLE-ROSE.

Comben la couple, la Maman?

LA MARCHANDE.
Dix ſous.

BELLE-ROSE.
Dix ſous?

LA MARCHANDE.
Oui, tout autant :
Si vous criez, m'en faudra douze.

BELLE-ROSE.

Ah ben oui, comme je m'y blouze!

MANON.

Allons, qu'as-tu befoin de citron?

BELLE-ROSE.

V'là le Barbier de l'Arche Marion !
Dites-lui qu'il en faffe emplette,
C'a lui fervira d'favonnette.

_____

SCENE X.

UN GARÇON PERRUQUIER,

LES PRÉCÉDENS.

LA MARCHANDE.

VOus en faut, le beau blondin ?

LE PERRUQUIER, *Gafcon.*

Dé quoi ?

LA MARCHANDE.

D'citron ?

LE PERRUQUIER.

Oui. Pour lé tein.

LA BOUQUETIERE.

C'eft ça qu'il l'a fi beau.

LE PERRUQUIER.

Les quatre,

Combien ?

LA MARCHANDE.

Vingt fous, fans rien rabattre.

LE PERRUQUIER.

Eh ! combien, né rabattant rien ,
Céla fait - il ?

LA MARCHANDÉ.

Vous l'fçavez bien.
Eft-c' pour fe moquer qu'on s'arrête ?
Avec votre étrille à la tête,
Si vous n'en v'lé pas , laiffez-nous.

LE PERRUQUIER.

Vingt fous les quatre, c'eft cinq fous :
Vous êtés dans lé tort, la femme !

LA MARCHANDE.

Eh ! Tais-toi donc, vilain infâme ?
C'eft ben putôt toi qu'il la tort.
N'jette pas not' citron fi fort ?
Il n'avoit qu'à choir dans la boue,
Quéque t'auroit payé ? la moue.

LE PERRUQUIER.

Air : *A préfent je ne dois plus feindre.*

Capédébious, l'erreur eft grande !
C'eft faire uné fotté démande.
Qui, moi, cé qué jé payérois ?
Mé croyez-bous donc fans réffource ?
Un Gafcon manqué-t-il jamais ,
Sur-tout du côté dé la bourfe ?

LA MARCHANDE.

Voyez donc comme il fent fon bien !

LÉ PERRUQUIER.

La bonné ? vous né perdrez rien,
Si jé vous fais quelqué dommage.

LA MARCHANDE.

Oui, c'eft marqué fur vot' vifage.
J'voyons ben, à tous vos boutons,
A-peu-près c'que je gagnerions.

LE PERRUQUIER.

Cadédis, qu'elle eft infolente !

MARGOT.

Ma commere, t'es médifante.
Pourquoi donc dire des gros mots
A c'Monfieur qu'eft homme en repos ?

LA MARCHANDE.

Mais auffi, c'eft vrai, Dieu m'pardonne !
Quand j'voyons comm' ça queuque perfonne,
Qui méprife c'que vous vendez.....

LE PERRUQUIER.

C'eft donc mal qué vous entendez.
Jé né méprife en nulle forte,
Mais jé dis qué la fomme eft forte :
Eh donc ! Parlez au jufte, là.

LA MARCHANDE.

Ah ben ! j'vous entendons comm' ça.
Faut donc vous dire en confcience ?

'Quatre fous, & vot' connoiſſance.
Voilà notre dernier mot dit.

LE PERRUQUIER.

Donnez-m'en ſix, & plus dé bruit.

LA MARCHANDE.

Tenez, mon Roi, v'là qu'eſt tout ſucre.

LE PERRUQUIER.

Jé vous ſouhaite bien du lucre.

MARGOT.

Et ben, eſt-ç' qu'vous n'aïdez pas
Pour écoſſer ?

LE PERRUQUIER.

J'ai mal aux bras.

FANCHON.

L'pauvre petit ! Faut de la rybarbe :
C'eſt fatiguant d'faire une barbe.

LE PERRUQUIER.

Sandis ! Plus qué vous né penſez.

MARGOT.

Fanchon, vois donc c'grand élancé ?

SCENE XI.

UN PETIT-MAITRE, LES PRÉCÉDENS.

LA BOUQUETIERE.

Monsieu, achetez donc du nôtre,
Un petit bouquet pour la vôtre.

LE PETIT-MAITRE.

Pour qui, la mienne ? Expliquez-vous.

LA BOUQUETIERE.

Pardi, nous le demandez-vous ?
Votre Maîtresse.

LE PETIT-MAITRE.

Ah ! je m'en passe.

LA BOUQUETIERE.

C'est donc quand elle est en disgrace :
J'sçavons que vous en êtes fou.
Allons, prenez ça, mon bijou :
Elle aura l'air de la mariée,
Et je s'rai par vous étrennée.

LE PETIT-MAITRE.

Combien faut-il pour cette fleur ?

LA BOUQUETIERE.

LA BOUQUETIERE.

Six fous pour vous, mon petit cœur.

LE PETIT-MAITRE.

En voilà quatre, & je la garde.

LA BOUQUETIERE.

Allez, c'neſt pas à vous qu'on r'garde.

LE PETIT-MAITRE.

De plus, je veux une chanſon.

LA BOUQUETIERE.

Oh! pour moi, j'ai la voix bârarde,
D'mandez à eux ?

FANCHON.

V'nez ça, mignon.

LE PETIT-MAITRE.

Volontiers : foyez ma mignarde.

FANCHON.

Vous m'avez l'air fur le bon ton,
'Affiſez-vous.

LE PETIT-MAITRE.

Je vous rends grace.

FANCHON.

Rougiſſez-vous d'être à not' place ?

MARGOT.

Laiſſes-l'lai : c'eſt qui veut grandir.

C

FANCHON.

Ah! fans gêne, il peut ben agir.

LE PETIT-MAITRE.

Allons, chantez donc, ma mignonne.

FANCHON.

Je l'voulons bén, Monfieur J'ordonne.

AIR : *Chanfons, chanfons.*

Y'Amour, comme tu nous empaume ;
Pourquoi faut-il z'aimer, Jérome,
 Comme j'faifons ?
Mon cœur fçait ben qu'c'eft un volage,
Mais j'ai beau vouloir qu'il foit fage,
 Chanfons, chanfons. (*CHORUS.*)

Au cabaret quand faut qu'j'attende,
A tout bout d'champ je le demande
 A ces garçons :
Ils difont qu'il ne vient perfonne,
Et ça me rend l'humeur ben bonne,
 Chanfons, &c. (*CHORUS.*)

C'qui fait encor plus que j'endêve,
C'eft qu'il faut feule que j'achéve
 Tout s'te boiffon :
Moi que jamais le vin ne preffe,
Et qui ne fuis point z'ivrogneffe,
 Chanfons, &c. (*CHORUS.*)

J'ai fouvent refufé du monde,
Qui prétendions que je réponde
 A leux façons :
Mais je ne fuis point de c'te pâte,
Et je leux réponds, fi t'en tâte,
 Chanfons, &c. (*CHORUS.*)

JÉROME.

Chacun son tour, comme dit l'autre.

FANCHON.

Jérome, attends. Monsieu, la vôtre.
Vous v'là pensif comme un rêveur !
Est-c' que j'vous fesons déshonneur ?

LE PETIT-MAITRE.

Déshonneur, vous ! non pas, ma belle :
Si je vous regardois pour telle,
Je ne me serois pas mis là.

FANCHON.

Si j'voulons du galant, en v'là.
Eh ben ! chantez donc queuque aïr tendre.

LE PETIT-MAITRE.

Non, j'aime beaucoup mieux entendre ;
Et Monsieur Jérome a raison
De prendre son tour.

BELLE-ROSE.

Chantez donc ?
J'allons faire chorus en rond.

JÉROME.

AIR : *Je veux t'être un Chien, &c.*

Un jour j'étions à Vaugirard,
Dont j'somm' déboulés un peu tard,
Y'aisément cela se peut croire ;
A notre table, à tous momens,
Y venoit des troupeaux d'Marchands :
Jarni, moi qui aime à être tranquile quand

C ij

j'prends mes repas de nourriture, je leux dis, le
premier qui me fait parler la bouche pleine,
Je veux t'être un chien,
Y à coups d'pied, y à coups de poing,
J't'y casserai la gueule & la mâchoire.

Ça finit, mais l'instant d'après,
V'là la Marchande de croquets,
Y'aisément cela se peut croire ;
Monsieur, dit-elle, en voulez-vous ?
Tirez, on gagne à tous les coups :
Sandié, moi qui ne tâte d'aucune loterie qu'à
lacelle des Enfans trouvés, parce que je y'ai été
élevé,
Je veux t'être, &c.

Il nous vient z'un autre animal,
Crier gâteaux à la Royal,
Y'aisément cela se peut croire ;
Moi qu'avoit là z'un bon fricot,
Je vous pris mon homme au gavio,
Et lui dis : allons, patronet, va-t'en vendre
ton gâteau plus loin, sinon j'te vas donner la féve
sur l'œil. Il vouloit me faire sortir dans la rue du
dehors ; mais moi tout de suite, pif, paf, z'on,
Je veux t'être, &c.

Le Marchand d'tisane en bonnet,
Vient nous montrer son robinet,
Y'aisément cela se peut croire ;
Nous qu'avions là du vin ben chenu,
J'vous lui disons d'abord, eh ! hu :
Allons, passe ton chemin, Marchand d'ratafia
de grenouille, avec ta Saintmaritaine sur le dos ;
compte-tu nous faire peur parce que t'as un bâ-

ton de réglisse dans ta poche, retire-toi, au si-
gnon,

   Je veux t'être, &c.

  Pour augmenter le carillon,
 V'là z'un Joueur de timpanon,
 Y'aisément cela se peut croire ;
 Moi qu'ai la Musique en dégoût,
 J'vous l'y riva bentôt son clou :
En lui disant, papa, allez jouer à s'tautre table,
vous nous faites grincer les oreilles. Au lieur de
s'en aller, ne v'là t'y pas le vieux c'hnapaa qui
m'accipe l'épingue de mon col, pour faire, sus
son timpanon, zigue, zin, zigue, zin ; moi,
pi, pan,

   Je voux suis un, &c.

  La Marchande aux cœurs, à son tour,
 S'en vint pour nous faire sa cour,
 Y'aisément cela se peut croire ;
 A la parfin elle fit tant,
 Que j'en pris un, en lui disant,
La maman, si la devise n'est pas chenâtre, je
ne sis pas vif de promptitude, mais j'commence
par vous le dire doucement,

   Je veux t'être, &c.

  J'en fus content, car c'étoit bon,
 D'abord j'l'offrit à ma Fanchon,
 Y'aisément cela se peut croire ;
 Y'avoit, je suis dans vot' lien,
 Et pour long-tems mon cœur en tient.
Oui, dis-je-t'y à ma parsonniere, j'aimerai
toute la vie de mon existance ; si queuqu'un ve-
noit pour contrarier le contraire,

   Je veux t'être, &c.

      C iij

Eh ben, Monſieu ! Qu'dites-vous d'ça ?
C'eſt il d'vot' goût ſur ce ton-là ?
Sçavons-je y donner la tournure ?

LE PETIT-MAITRE.

On ne peut pas mieux, je vous jure :
Je vous en fais mon compliment.

JÉROME.

Vous êt' courtois comme un galant,
J'vois ben que ça vous plaît z'à dire.

GENEVIÉVE.

Monſieur met-il dans la tir'-lire ?

LE PETIT-MAITRE.

Ma bonne amie, en vérité,
Je ſuis fâché d'être arrêté
Pour aller faire une viſite.
Sans cela . . . .

MARGOT.

Quoi ! Monſieur nous quitte !

FANCHON.

Allez-vous loin, mon benjamin ?
Ces ſouyers-là n'f'ront pas l'chemin,
Changez-les de piés pour ben faire.
Il a l'encolure légere ;
Voyez donc qu'il eſt revenant
Avec ſon nez en catogant !
On diroit d'un enfant z'en chartre
Avec ſes oreilles d' Montmartre.
Monſieu, voulez-vous un godant ?

LE PETIT-MAITRE.

Bonne chienne, on t'en livre autant,
Si nous n'avons pas l'air d'un Prince,
Le tien est encor bien plus mince.
A la blancheur de son minois,
C'est un signe du Gâtinois;
Voyez sa petite menotte,
Auffi large qu'un dos de hotte :
Rien qu'à voir, c'est un plaifir,
Elle est d'un laid à éblouir.

FANCHON.

Mon laid est moins laid qu'ton grouin.
Viens donc que j'te r'magne un p'tit brin,
Avec ton menton de galoche,
Et ta jambe en façon d'bancroche :
Veux-tu te r'tirer, vilain plé ?

LE PETIT-MAITRE.

Adieu, femme à mari fanglé.
Ah, que je plains le pauvre diable
D'avoir une femme femblable !
Il fait fon purgatoire ici.

FANCHON.

Eh! oui, beau mâle en racourci.
Va donc vifage à verre à biere,
Jardinier de not' cémetiere;
Quand tu s'ras grand, t'iras tout feul,
Avec ta face d'Epagneul :
Dites donc, Monfieu la Flamberge,
N'allez pas tirer vot' efperge.

C iv

LE PETIT-MAITRE.

Adieu, couturiere en chauffons,
Maraine à tenir grands garçons,
Tourriere de Couvant fans ordre,
C'eft pour toi que Sanfon fait tordre.
Ton pere eut fix chiens, comptant toi,
Il en noya cinq : & pourquoi ?
C'eft qu'il vouloit que tu fûs feule,
Il n'a gardé que mille gueule.

(*Il fort.*)

SCENE XII.

TOUT LE MONDE, *excepté* LE PETIT-MAITRE.

MARGOT.

DIs donc, Fanchon, s'tilà va ben.

FANCHON.

Y s'en va pas moins : c'eft vilain.

JÉROME.

Enfans, j'entends l'pere Chantrelle.

BELLE-ROSE.

Allons, danfons, & point d'querelle.

SCENE XIII.

UN AVEUGLE, *Joueur de Violon,*
LES PRÉCÉDENS, *différens*
Personnages.

FANCHON.

PERE Chantrelle, j'allons ben,
Continuez d'nous mettre en train.

JÉROME.

Oui, un menuet pour l'ouverture,
Allons, à nous deux, ma future.

LE VIOLON.

Quel menuet voulez-vous danser ?

JÉROME.

C'lui qui finit par s'embraffer.

(*JÉROME & FANCHON danfent.*)

JÉROME.

Allons, Bell'-Rose.

FANCHON.

A toi, Manon.

LA BOUQUETIERE.

Moi, j'aime mieux le rigodon.

BELLE-ROSE.

Eh ben ! danfons une contre-danfe ;
Allons, à huit violons d'chérence.

(*On danfe.*)

Le violon va ben en danfant,
Voyons fi c'eft d'même en chantant.

VAUDEVILLE.

Air : *Madame, en entrant chez vous.*

MARIE-JEANNE.

Prenez d'nos pois écoffés,
C'eft les meilleurs fricaffés ;
Je voyons ben des tendrons
   Qui deviennent ronds, *bis.*
Lorfque je les nourriffons
Des pois que nous écoffons. *bis.* (CHORUS.)

BABET.

J'vendons des pois écoffés
A des gens fort ben trouffés ;
Mais les meilleures façons,
   C'eft ceux qui payons ; *bis.*
Car j'navons pas de bien d'fonds,
Si ce n'eft dans nos litrons. *bis.*

LE PERRUQUIER.

Tous vos pois font écoffés,
Allons, chantez & danfez ;
Filles, prénez ces garçons,
   Et cabriolons ; *bis.*
Si vous gâtez vos chignous,
Jé vous les rétapérons. *bis.*

.LA BOUQUETIERE.

Si vos pois font écoffés,
Tous mes bouquets font paffés ;
J'avons toujours des lurons
   Pour qui j'en faifons. *bis.*
Et ma rofe & mes boutons
Valent bien tous vos litrons. *bis.*

GENEVIÉVE.

Pour crier, pois écoffés,
J'ai déja d'la voix affez ;
Etant petite, j'fuivions
   Les petits garçons ; *bis.*
Mais d'puis que je grandiffons,
Avec les grands j'écoffons. *bis.*

LA MARCHANDE DE CITRONS.

Souvent les pois écoffés
Vous rendent les doigts poiffés ;
Approchez, je vous vendrons
   Du jus de citrons ; *bis.*
Avec ça j'rafraîchiffons,
Quand on s'échauffe aux litrons. *bis.*

BELLE-ROSE.

Dans l'tems des pois écoffés,
Les Ennemis font roffés ;
Lorfque je les rencontrons,
   Je les écoffons ; *bis.*
Quand ils voyent nos Dragons,
Ils s'cach'roient dans des litrons. *bis.*

LE MARCHAND DE RATAFIA.

Vous vendez pois écossés,
Et vous vous divertissez;
Je vois bien des Chambrillons
   Qui vous en prenons, *bis.*
Afin que les Marmitons
Fassent la sauffe aux litrons. *bis.*

JÉROME.

Fanchon, tes pois écossés
A mes yeux sont ben de sés;
Tu sçais comme je portons,
   J'avons les reins bons, *bis.*
Et puis de bonnes chansons,
Lorsque j'emplis tes litrons. *bis.*

FANCHON.

Au tems des pois écossés,
Ben des Galants sont r'lancés;
Quand y vient des fanfarons,
   Je les rembarrons, *bis.*
C'est Jérome qu'est des bons
Pour toucher à mes litrons. *bis.*

L'AVEUGLE.

Mes enfans, je ne vois rien,
Mais je connois le chemin;
Pour le peu que je touchions,
   Je nous en tirons; *bis.*
Et je parie à tâtons,
Que je vous prends vos litrons. *bis.*

MARGOT.

Parmi les pois écoſſés,
Tous les Marchands ſont preſſés;
Le monde, quand j'étalons,
    Eſt ſur nos talons; *bis*.
On s'mettroit, ſi je voulions,
Juſques dedans nos litrons. *bis*.

(*A U P U B L I C.*)

Si pour nos pois écoſſés,
Meſſieurs, vous applaudiſſez;
Toujours, avec vos leçons,
    Nous réuſſiſſons; *bis*.
De vos écus que j'aimons,
Venez emplir nos litrons. *bis*.

F I N.

Lû par ordre de Monſieur le Lieutenant-Général de Police, & approuvé pour être repréſenté ſur le Théâtre des Boulevards, & pour être imprimé. A Paris, ce 26 Mai 1767.

                        MARIN.

Vû l'Approbation, permis de repréſenter & d'imprimer, ce 28 Mai 1767.

            DE SARTINE.

De l'Imprimerie de MICHEL LAMBERT, rue des Cordeliers, au Collége de Bourgogne, 1767.

                        Catalogue

www.ingramcontent.com/pod-product-compliance
Lightning Source LLC
LaVergne TN
LVHW050304090426
835511LV00039B/1447